Germanische Gräber, Siedlungen und Behausungen in Norddeutschland

Historische Bilder vergangener Anlagen

DOGMA

Germanische Gräber, Siedlungen und Behausungen in Norddeutschland

Historische Bilder vergangener Anlagen

ISBN/EAN: 9783955801014

Auflage: 1

Erscheinungsjahr: 2013

Erscheinungsort: Bremen, Deutschland

Germanische Gräber, Siedlungen und Behausungen in Norddeutschland

Historische Bilder vergangener Anlagen

DOGMA

Die sogenannte Wildehauser Geest im Oldenburger Land – eingegrenzt etwa durch die Orte Ahlhorn – Visbek – Wildeshausen und Huntlosen - war ein wichtiges Siedlungsgebiet der Germanen. Die vielen markanten Grabstätten der Siedler – in den 1980er Jahren waren es laut Katasterverzeichnis 207 – sind leider oftmals nicht mehr erhalten, sondern besonders in den Nachkriegsjahren, aber auch dem Wirtschaftsboom der1960er Jahre gewichen. Speziell viele Großsteingräber in der Region haben diese Zeit nicht überlebt. Gleiches gilt für die vielen „Steinzeugen" in der Lüneburger Heide. Hier ist besonders zu erwähnen, dass ein großer – und entscheidender – Teil der Zerstörungen dieser jahrtausendealten Anlagen erst in den letzten 50 Jahren erfolgte.

So ist etwa das berühmte Großsteingrab Ahlhorner Heide heute stark zerstört. Die Steine der Grabkammer fehlen mittlerweile ebenso wie viele der verbliebenen Einfassungssteine. Das Grab wurde noch nach den 1980er Jahren massiv geschleift. Dieses Buch zeigt hingegen Abbildungen des Grabes aus den 1930er Jahren, als es noch in voller Pracht von den Künsten seiner Erbauer zeugt.

Ähnlich das Bild bei „Visbeker Braut" und „Visbeker Bräutigam", zwei nicht nur in der Region sehr bekannten Anlagen. Auch diese sind, obgleich vergleichsweise gut erhalten, nur noch ein Schatten ihrer selbst. Von den einstmals gut 170 Steinen sind gerade mal noch 120 erhalten. Auch hier – und an vielen anderen Beispielen – zeigt dieses Buch, wie diese Anlagen ausgesehen haben, bevor die postindustrielle Zerstörungswelle ihren Weg nahm.

Nach einer Theorie des Oldenburger Architekten **Hermann Wille**, dem Urheber der hier veröffentlichen Fotografien, waren die Großsteinsetzungen der Hünenbetten ursprünglich die Sockelmauern von überdachten germanischen Kulthallen. Unabhängig davon, ob dies stimmt, stellt seine einmalige Bildersammlung heute, gut 75 Jahre später, eine einzigartige Quelle für germanische Gotteshäuser und Behausungen in Nordwestdeutschland dar.

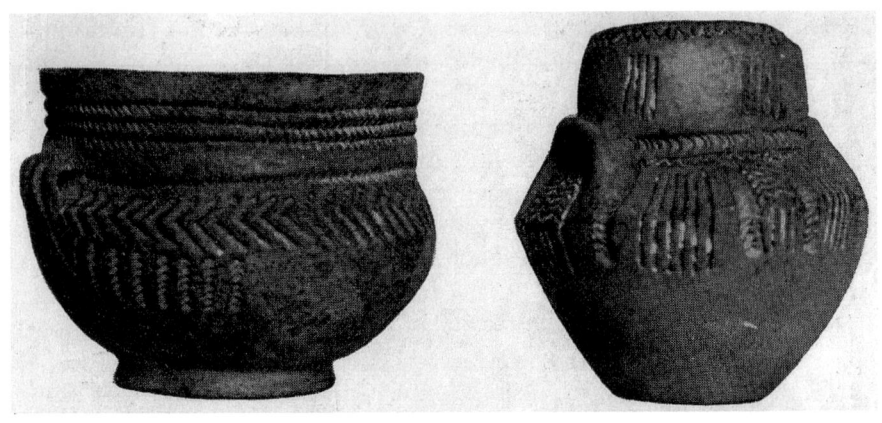

Gefäße der jüngeren Steinzeit aus Großsteingräbern im Freistaat
Oldenburg, Tiefstichkeramik der ältesten Kultur. Bei dem Gefäß
oben rechts ist eine weiße Füllung des Ziermusters zu erkennen.
Naturhistorisches Museum, Oldenburg

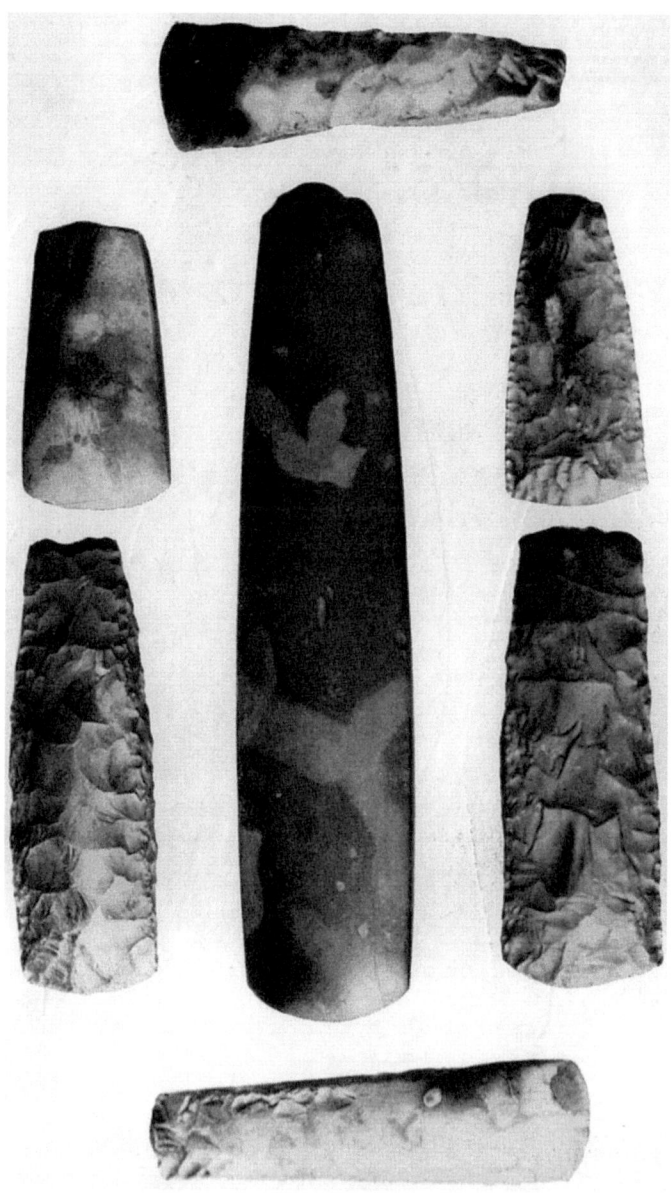

Geschlagene und geschliffene Feuersteinbeile der jüngeren Steinzeit
(nordisch). Gefunden in Nordwestdeutschland und Schweden.
Aus der Sammlung des „Väterkunde-Museums" Bremen

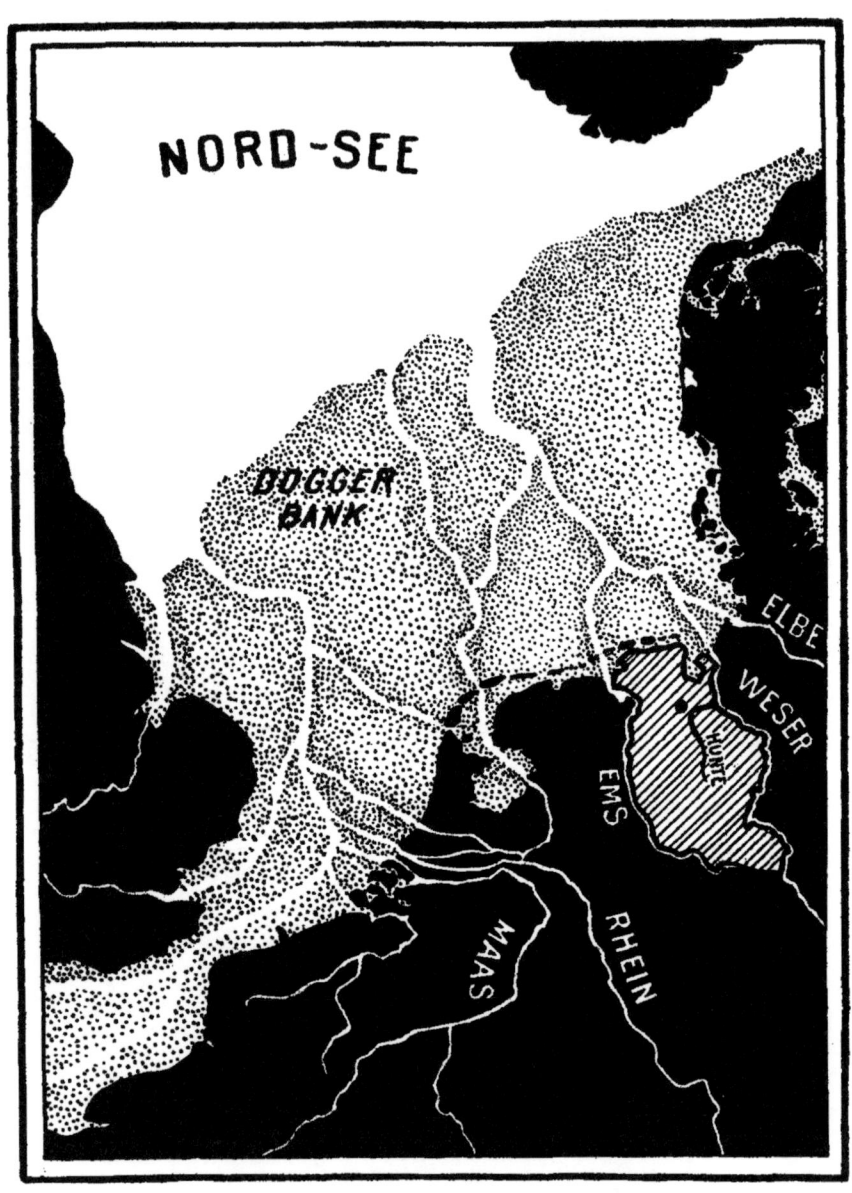

Nordseekulturkreis der jüngeren Steinzeit

Großer Prunkdolch, Dolche, Lanzenspitzen, Pfeilspitzen, Messer
und Sägen aus Feuerstein (nordisch(der jüngeren Steinzeit.
Gefunden in Nordwestdeutschland und Schweden.

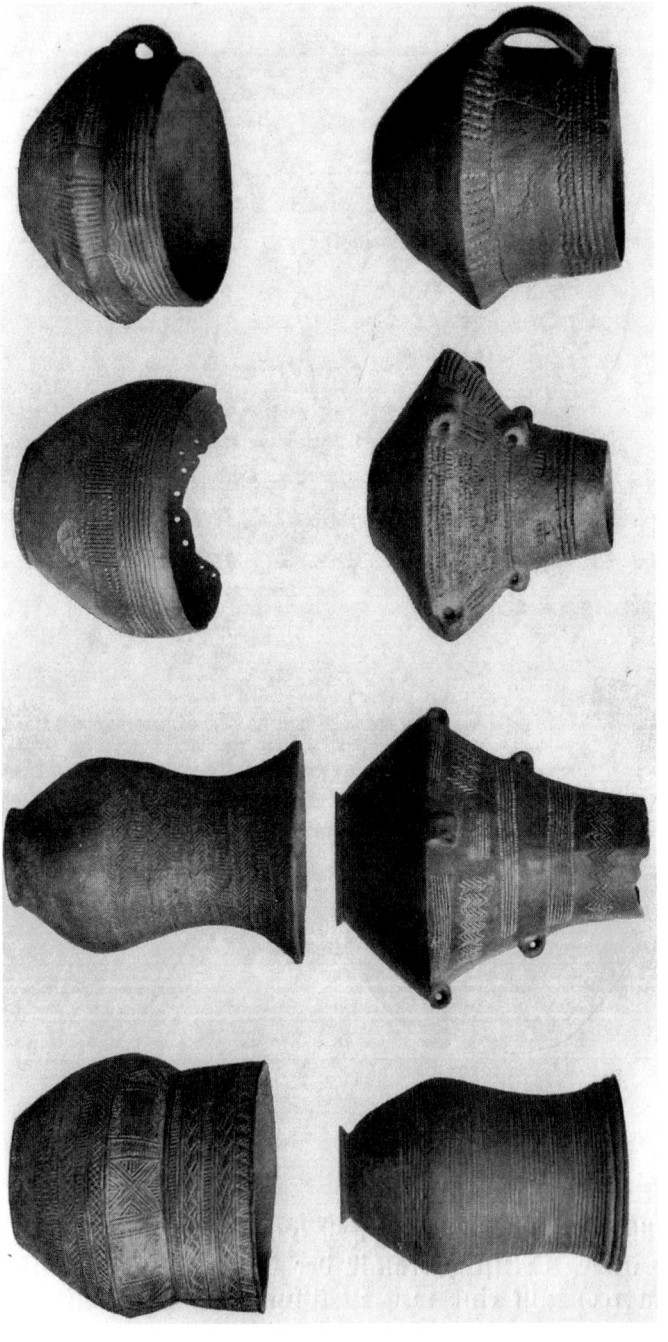

Gefäße der jüngeren Steinzeit, 3000 bis 2000 v. Chr. Gef. in Nordwestdeutschland.

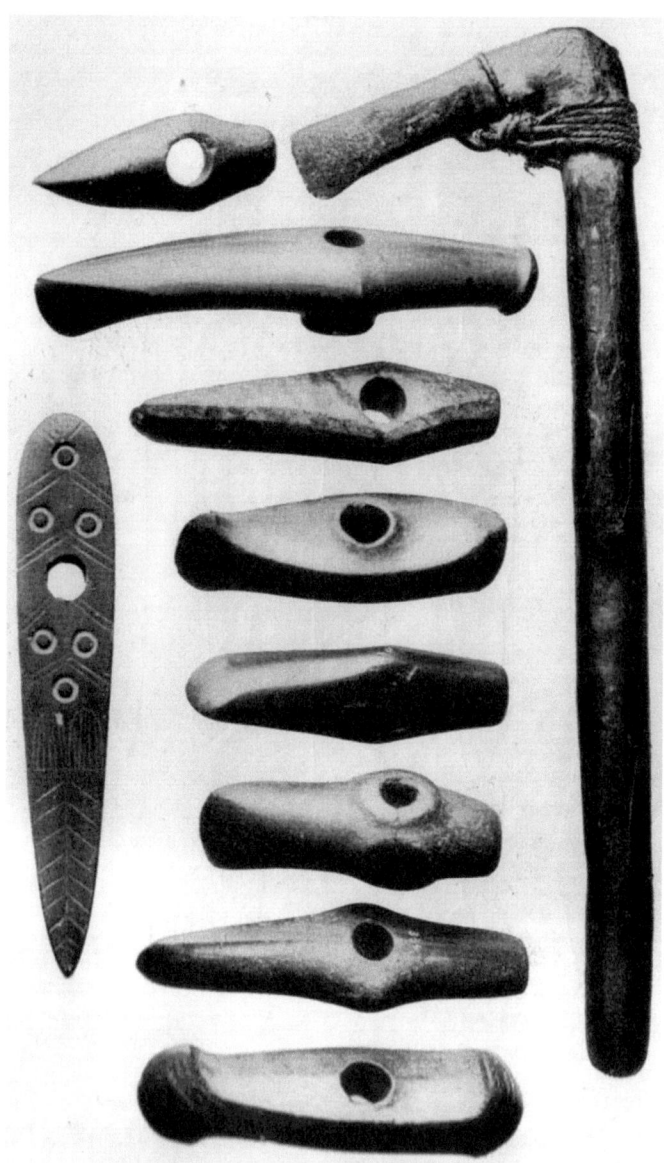

Streithämmer und Prunkäxte der jüngeren Steinzeit, Kulturkreis der Schnurkeramiker. Gefunden in Nordwestdeutschland und Thüringen. Beil der jüngeren Bronzezeit mit Originalschäftung.

Germanische Dolche und Lanzenspitzen der ältesten Bronzezeit
(nordisch). Gefunden in Nordwestdeutschland und Schweden.

Germanischer Schmuck aus Bronze, ältere Bronzezeit (nordisch).
Gefunden in Nordwestdeutschland und Dänemark.

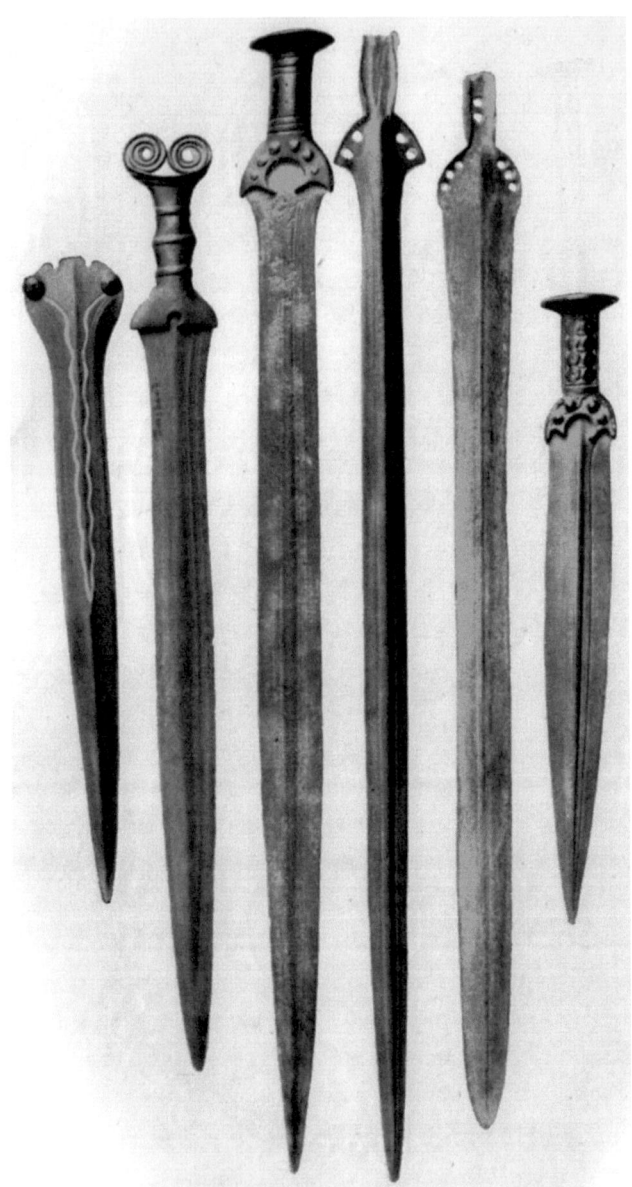

Germanische Langschwerter und Kurzschwerter der älteren Bronzezeit (nordisch). Gefunden in Nordwestdeutschland und Schweden.

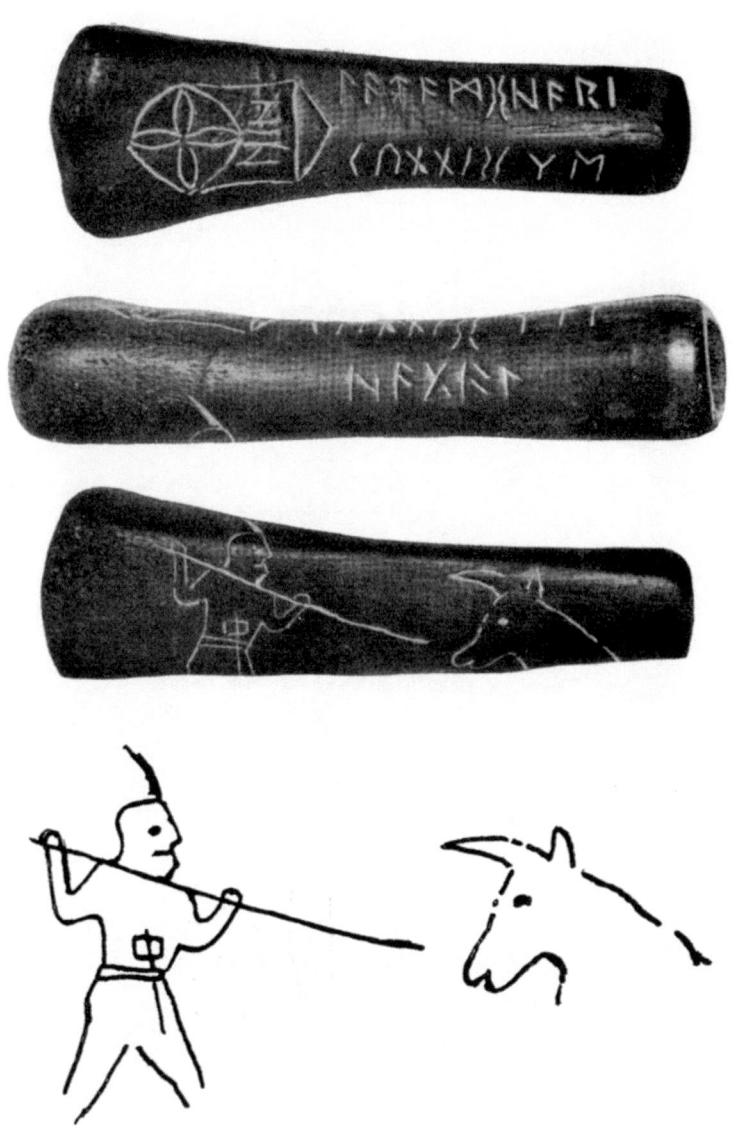

Knochen-Dolchgriff mit Runeninschriften und bildlicher Darstellung. Wahrscheinlich 400 bis 600 n. Chr. Baggerfunde aus der unteren Weser – 1927/28. Beschrieben von H. v. Buttel-Reepen „Funde
von Runen mit bildlichen Darstellungen", Oldenburg 1930
Naturhistorisches Museum, Oldenburg

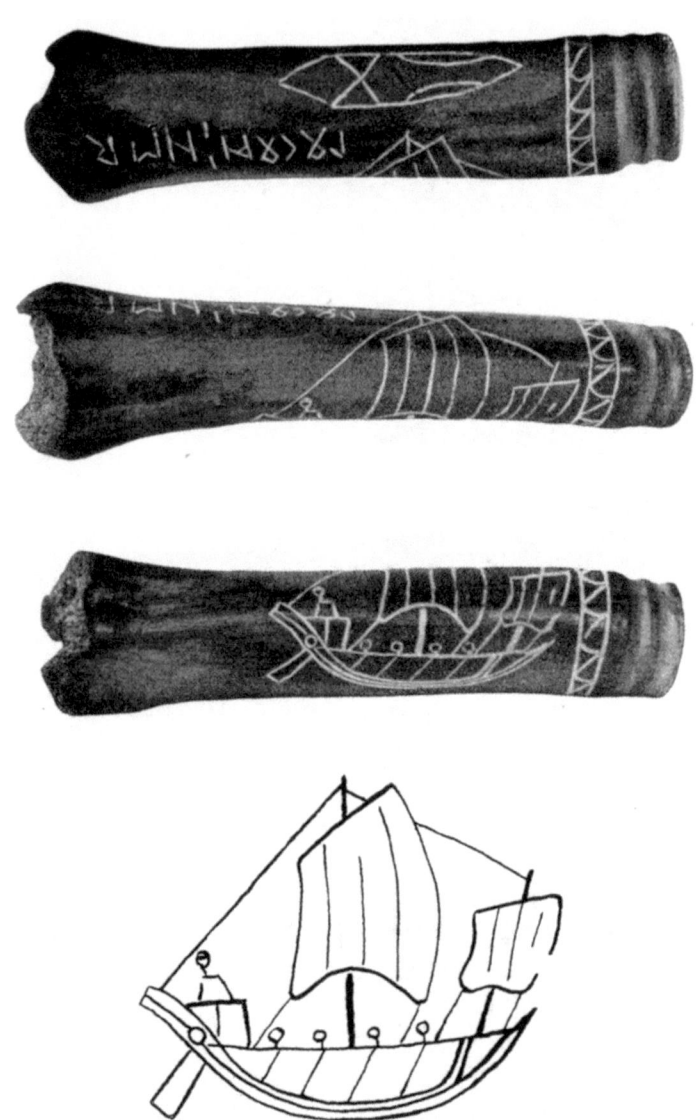

Knochen-Dolchgriff mit Runeninschriften und bildlicher Darstellung. Wahrscheinlich 400 bis 600 n. Chr. Baggerfunde aus der unteren Weser – 1927/28. Beschrieben von H. v. Buttel-Reepen „Funde von Runen mit bildlichen Darstellungen", Oldenburg 1930
Naturhistorisches Museum, Oldenburg

Auf den Boden gestelltes Dach

Dach auf Findlingsmauer (Niedersachsen-Oldenburg)

Die Entwicklung des Hauses

Niedersächsisches Bauernhaus, Fachwerk mit Lehm

Niedersächsisches Bauernhaus, Fachwerk mit Klinker (Oldenburg)

Die Entwicklung des Hauses

Großsteingrab „Ahlhorner Heide"

Großsteingrab „Ahlhorner Heide"

Großsteingrab „Ahlhorner Heide"

Großsteingrab „Ahlhorner Heide"

Großsteingrab „Ahlhorner Heide

Großsteingrab „Ahlhorner Heide

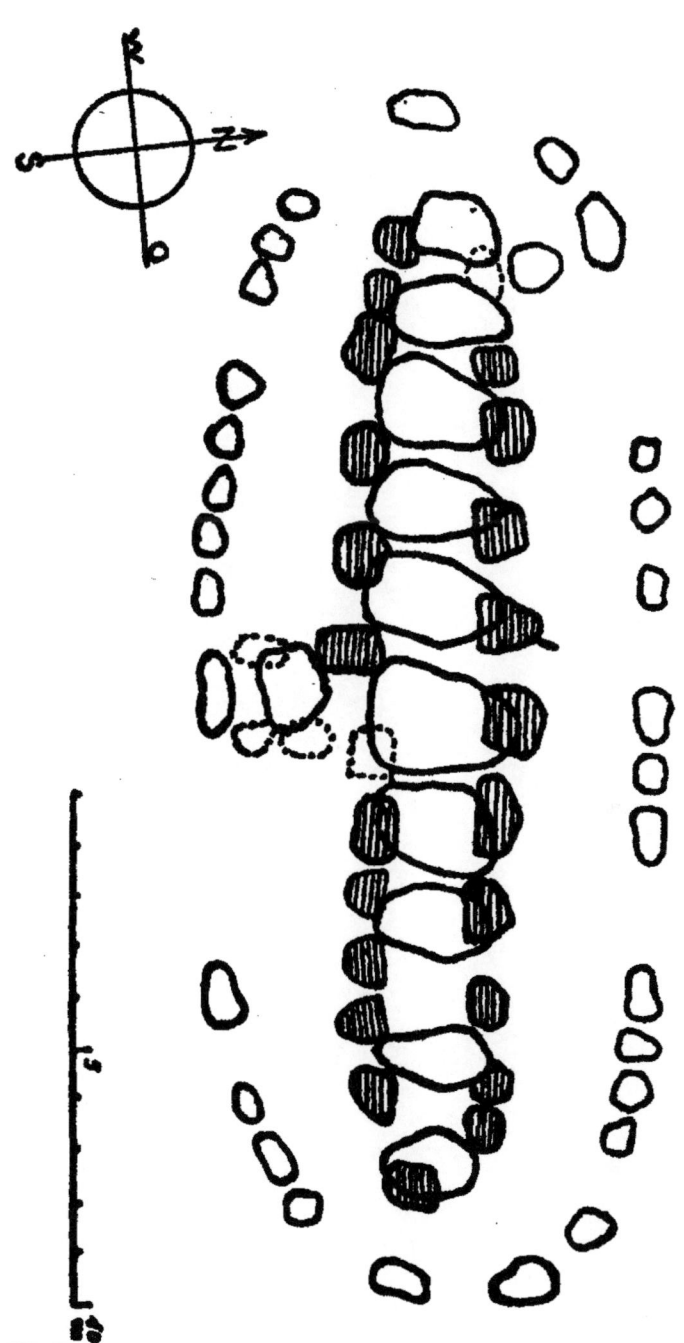

Großsteingrab „Hohe Steine"

Großsteingrab „Hohesteine"
Ahlhorner Heide, an der Landstraße Wildeshausen-Ahlhorn, Nordseite

Großsteingrab „Hohesteine"
Ahlhorner Heide, an der Landstraße Wildeshausen
Oben Südseite, unten Nordseite

Großsteingrab „Hohesteine"
Ahlhorner Heide bei Wildeshausen, von Osten nach Westen

Großsteingrab bei Dötlingen
Das Grab liegt noch zum Teil im Erdhügel, die alte Steinpackung zwischen den
Decksteinen ist in ursprünglicher Lage erhalten.

Eines der Großsteingräber „Sieben Steinhäuser"
Südbostel, Lüneburger Heide

Großsteingräber der „Sieben Steinhäuser"
Südbostel, Lüneburger Heide

Pestruper Gräberfeld bei Wildeshausen
Etwa 350 Grabhügel sind noch festzustellen

Großsteingrab Gruppe „Kellersteine"
Ahlhorner Heide

Großsteingräber bei Reckum an der Hunte (Wildeshausen)

Urnenhügel des Moorbeker Gräberfelds

Urnenhügel
Gräberfeld, Gut Moorbek. – Der Grabhügel, 5 m im Durchmesser, 080 m hoch,
enthielt 10 Urnen aus der Zeit etwa 600 v. Chr.

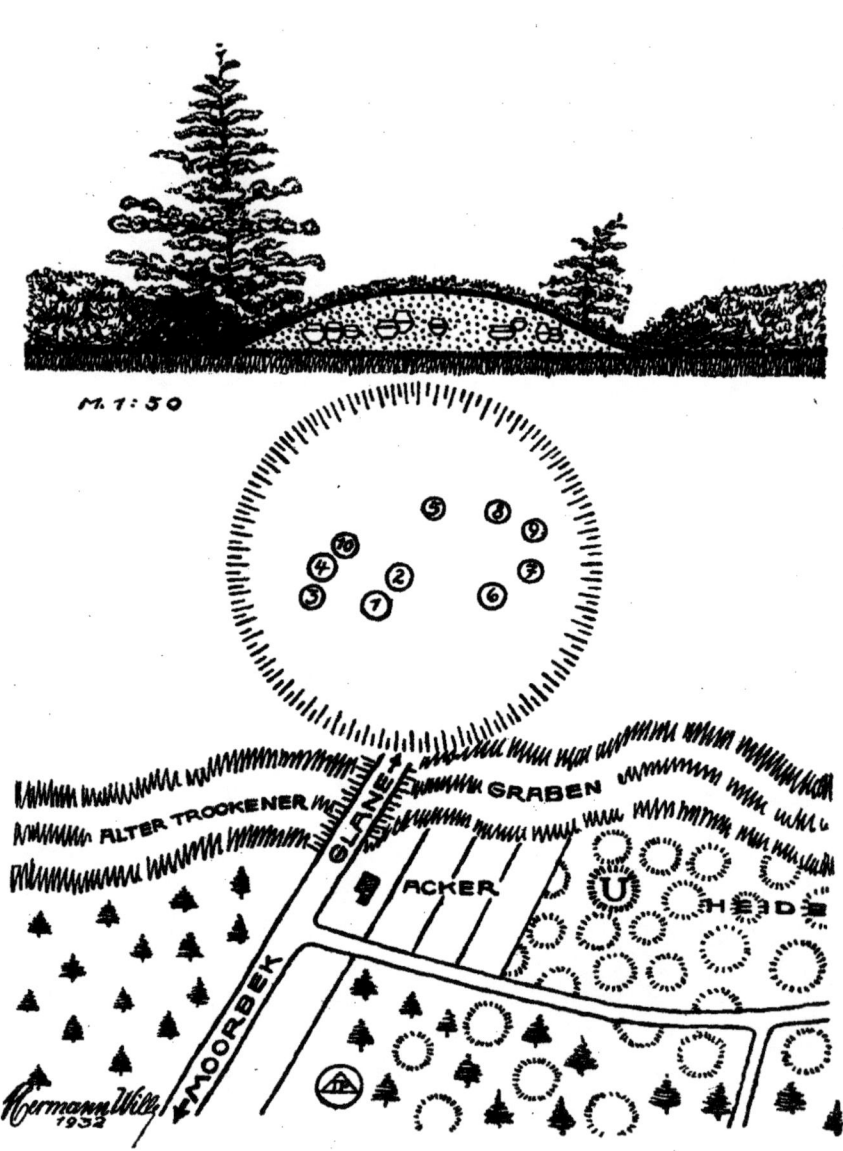

Urnenhügel des Moorbeker Gräberfelds

Urnenhügel, Gut Moorbek
Urnengruppe in der ursprünglichen Aufstellung

Urnenhügel, Gut Moorbek
Verzierte Urnen aus der Zeit um etwa 600 v. Chr.

Steinsetzung „Visbeker Braut"

Alhorner Heide. Außen 82 × 8 m, Tiefgrab 14 m, von der SW.-Giebelseite

Steinsetzung „Visbeker Braut"
Oben Raum hinter dem Tiefgrab
Unten: Inneres der Grabkammer

„Schafstall", Einraumhaus, Glaner Heide

„Schafstall" Glaner Heide
Oben Fachwerk der Giebelwand. – Unten Findlingssockelmauer

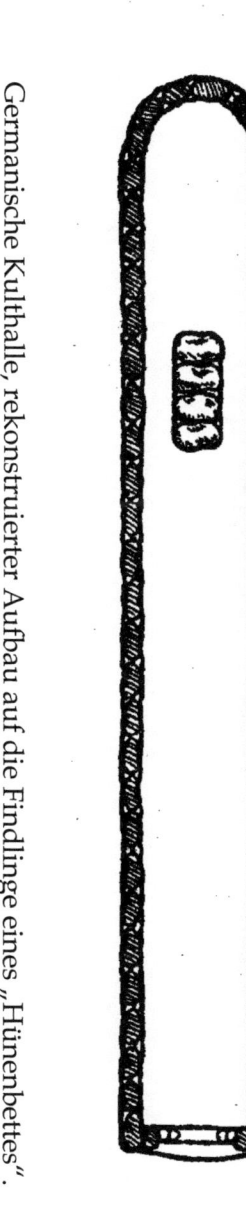
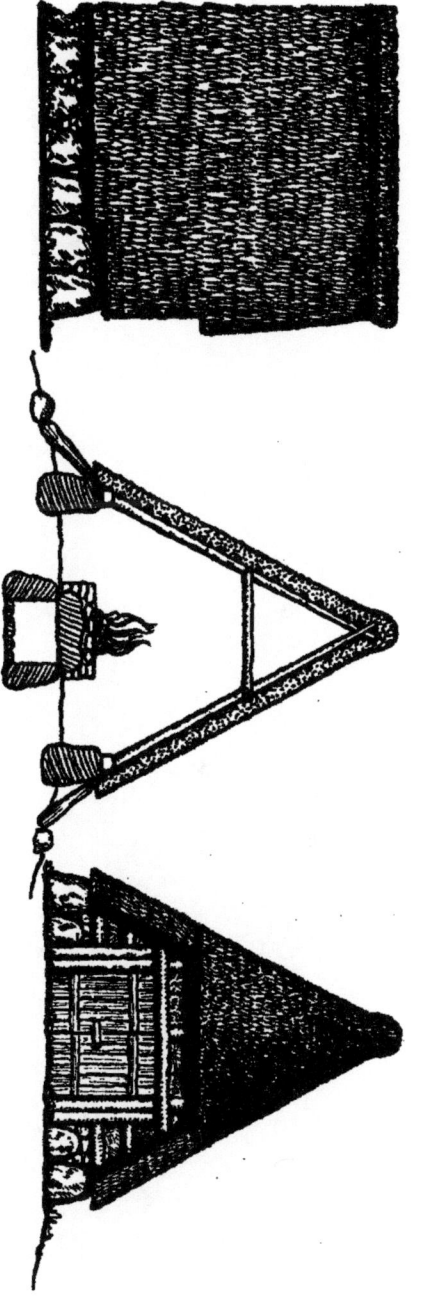

Germanische Kulthalle, rekonstruierter Aufbau auf die Findlinge eines „Hünenbettes".

39

Steinsetzung „Visbeker Bräutigam"
Ahlhorner Heide. Außen 105 m × 10 m. – Im Vordergrund Decksteine
der Grabkammer, Langhaus nach Osten gesehen

40

Steinsetzung „Visbeker Bräutigam"
Ahlhorner Heide, oben Langhaus nach Osten, unten Grab und Apsis nach
Westen.

Steinsetzung „Glaner Heide"
Oben Eingang, unten linke Seitenwand

Giebelwand „Visbeker Braut"

Decksteine der Grabkammer „Visbeker Bräutigam"

Steinsetzung im „Kleckerwald"
Lüneburger Heide, südlich Harburg. Innen 46 m × 5 m. Nord-Süd.

44

Alte Kirche in „Bispingen", aus Findlingen erbaut

Steinsetzung im „Kleckerwald"
Mitte des Langhauses, rechte Seite 2.20 m breiter Eingang, durch hohe Steine
betont, im Hintergrund das Tiefgrab

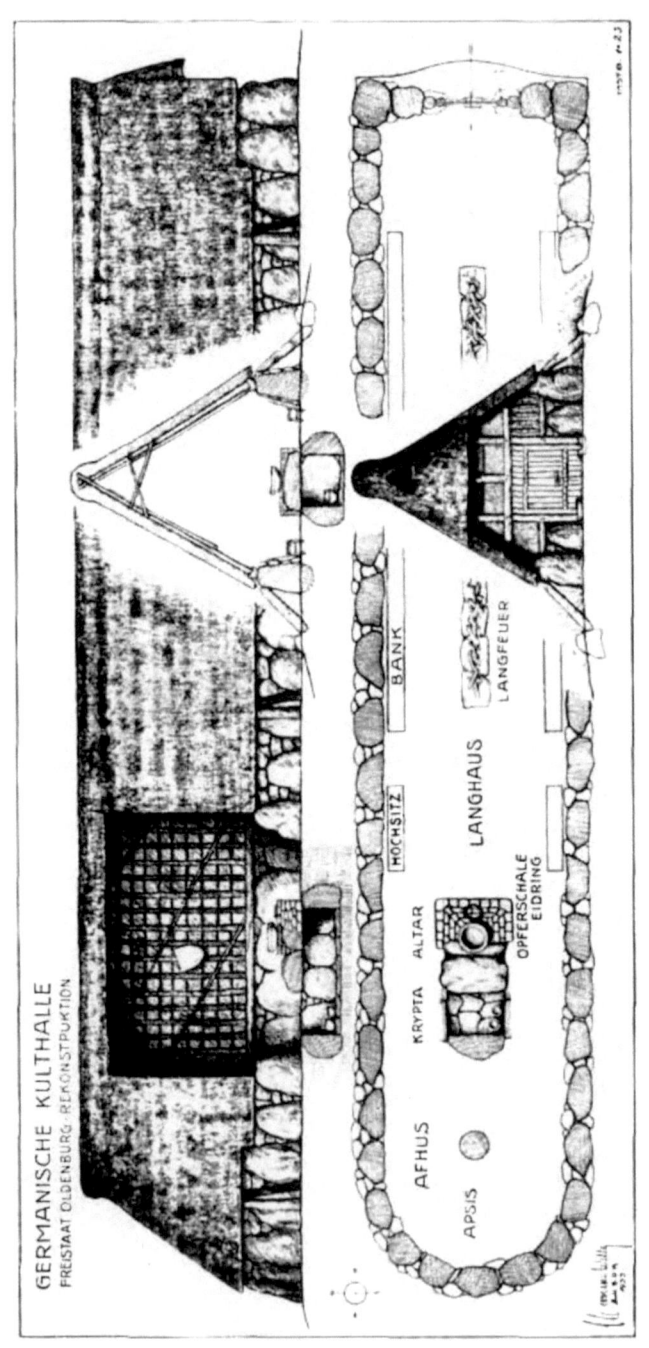

Aus einem Hünenbett rekonstruierte Kulthalle

Modell einer rekonstruierten Kulthalle
Unten Ausschnitt mit Grab und Altar
Hergestellt vom Verfasser für das „Väterkunde-Museum"

47

Krippendarstellung aus einem griechischen Evangeliar des 12. Jh. Der Stall ist nach griechischer Auffassung als Höhle dargestellt, die Krippe als gemauerter Altar

Krippendarstellung aus dem *Menologium graecum vaticanum*. Ende des 10. Jh. Die „Krippe" ist aus Steinen gemauert, nach Art eines Altares. Abbildung von Max Schmid, Die Darstellung der Geburt Christi in der bildenden Kunst. Stuttgart 1890. S. 17 und 23.

Krippendarstellung vom Elfenbeinstuhl des Maximian von
Ravenna, 6. Jh. Die gemauerte „Krippe" hat einen Eingang
nach Art einer Krypta Nach Max Schmid, a. a. O. S. 23.

Kniender Germane
(Bronzestatuette Paris)
Nicht mit gesenktem Blick in sich gesunken; mit erhobenem
Haupte dankte der Germane seinem Gott

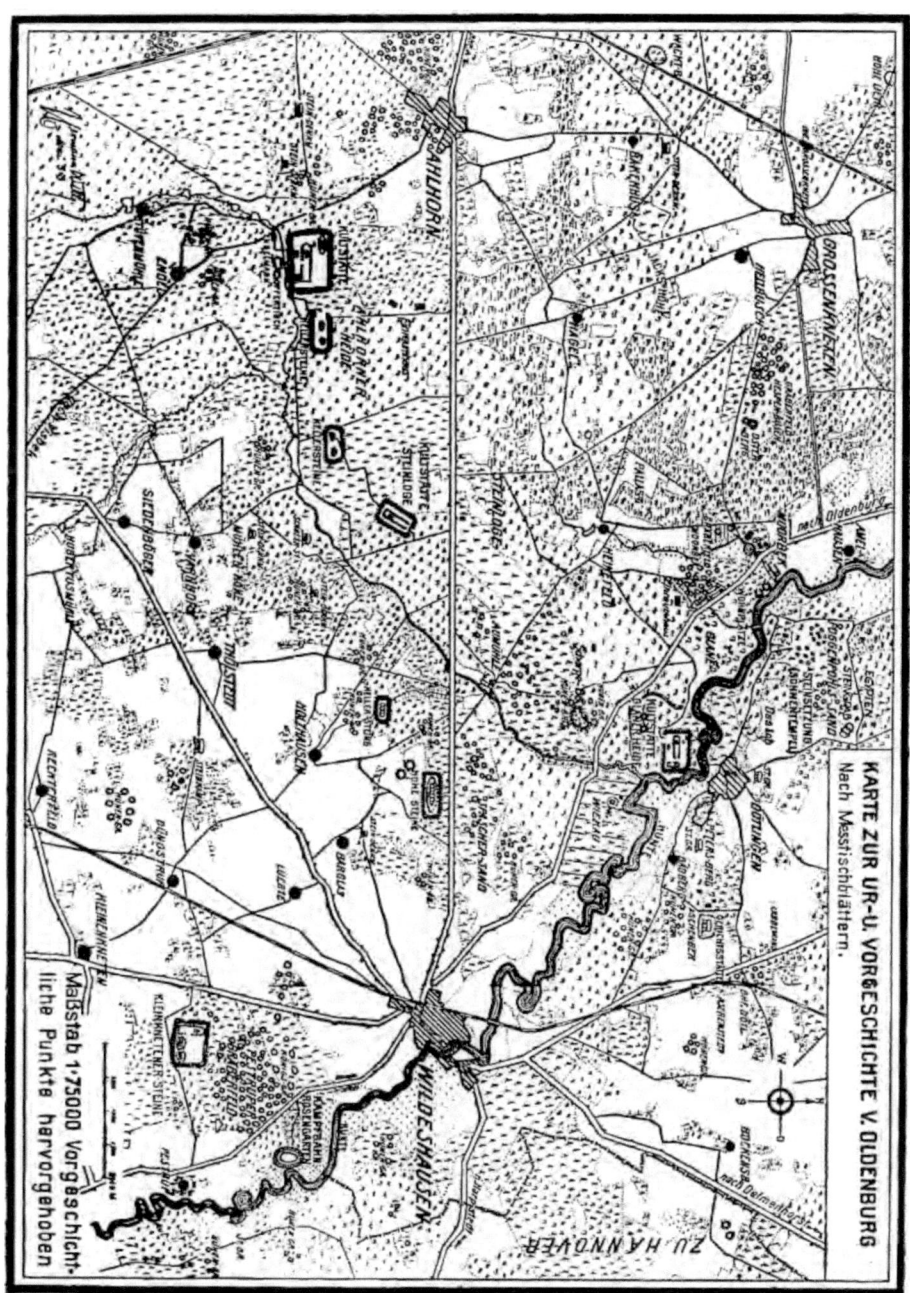

KARTE ZUR UR- U. VORGESCHICHTE V. OLDENBURG
Nach Messtischblättern.

Maßstab 1:75000 Vorgeschichtliche Punkte hervorgehoben